LA LECTURE MUSICALE

Essai sur les principes qui la simplifient et la facilitent,

par

Mme H. de La Massue,
Professeur de Piano.

Imp. lith. Saby, 18 r. Dauphine, Paris.

LA LECTURE MUSICALE

Essai sur les principes
qui la simplifient
et la facilitent,

par

Mme H. de La Massue,

Professeur de Piano.

Imp. lith. Salvy, 18 r. Dauphine, Paris.

1870

Préliminaires.

La musique est une succession de sons et ces sons ne signifient quelquechose pour l'esprit qu'au moyen de la mesure.

La mesure est un battement régulier qui règle la durée relative des divers sons d'un même air.

Le battement qui compose la mesure peut se composer de deux coups nommés temps, ou de trois. Il y a donc deux genres de mesures : les mesures à deux temps et les mesures à trois temps.

Représentation de la durée des sons par la valeur des notes.

On sait que les sons s'écrivent au moyen des Notes. On sait encore que la position des notes par rapport aux lignes de la portée indique la Tonalité du Son.

La différence de durée des divers sons constitue la valeur de la note musicale. Elle est indiquée au contraire par une modification dans la forme même de la note.

Ces modifications sont de quatre sortes.

1°. Le rond de la note est comme un zéro, blanc au centre ;

2°. Le rond de la note est entièrement noir, de façon à former un gros point ;

3°. On ajoute au rond de la note un petit trait vertical ou queue ;

4°. Le bas de la queue est marqué transversalement d'une ou plusieurs barres.

Ces modifications s'ajoutent à la note dans l'ordre qui vient d'être indiqué et chacune d'elle indique une durée moitié moindre que celle de la note précédente.

C'est ainsi que l'on a obtenu pour représenter un même son les valeurs suivantes.

1°.

On emploie deux notes à rond ou tête blanche.

La ronde o représentant la plus grande durée du son que la note puisse indiquer.

La blanche ρ qui est une ronde avec une queue. Elle est donc moitié de la ronde et la ronde dure autant que deux blanches.

C'est la seule modification que subissent les notes à têtes blanches.

2°.

On emploie cinq notes à tête noire. Le simple rond

noir sans queue n'existe pas

La noire est une blanche dont on a noirci la tête. Donc la noire est la moitié de la blanche et le quart de la ronde.

La croche est une noire dont la queue porte une barre. Donc la croche est la moitié de la noire, le quart de la blanche, le huitième de la ronde.

La double croche est une noire dont la queue porte deux barres. Donc la double croche est la moitié de la croche, le quart de la noire, le huitième de la blanche, le seizième de la ronde.

La triple croche est une noire dont la queue porte trois barres. Donc la triple croche est la moitié de la double croche, le quart de la croche, le huitième de la noire, le seizième de la blanche, le trente-deuxième de la ronde.

La quadruple croche est une noire dont la queue porte trois barres. Donc la quadruple croche est la moitié de la triple croche, le quart de la double croche le huitième de la croche, le seizième de la noire. le trente-deuxième, de la blanche, le soixante-quatrième de la ronde.

Comme une ronde peut remplir la durée d'une mesure, la série des valeurs qui vient d'être expliquée nous apprend déjà que la mesure ou chacun de ses temps se subdivisera en moitiés, quarts, huitièmes, seizièmes.

C'est là un système de division de deux en deux. On a parfois besoin de représenter la subdivision de la durée d'un son en trois fractions de durée. C'est alors une nouvelle série où l'on passe des tiers aux neuvièmes (ou tiers de tiers).

Pour représenter ce nouveau mode de subdivision il suffit d'augmenter chacune des notes indiquées ci-dessus de la moitié de sa valeur. Une ronde et demie a la même durée que trois blanches; une croche et demie vaut évidemment trois doubles croches.

Cette augmentation s'indique au moyen d'un point placé à la suite de cette note. D'après la même convention un second point ajoute au premier la moitié de la moitié ou le quart de la valeur.

Comme la musique exprime des pensées, elle se divise en phrases et en membres de phrases. Entre les phrases et les membres de phrases, il y a les intervalles de durée pendant lesquels ne doivent se faire entendre aucun son

On les nomme Silences.

Ces intervalles silencieux comptent nécessairement dans le mouvement régulier de la mesure. Il est donc indispensable de représenter par des signes dans l'écriture musicale les diverses durées des silences.

On a donc imaginé autant de sortes de silences qu'il y a de valeurs différentes pour une seule note.

Le silence de la ronde s'écrit ▬ et se nomme Pause d'un mot grec qui signifie repos.

Le silence de la blanche s'écrit ▬ et se nomme demi pause.

La noire a pour silence le soupir qui s'écrit 𝄽.

La croche a pour silence le demi-soupir qui s'écrit : 7

La double croche a pour silence le quart de soupir qui s'écrit : 𝄿.

La triple croche a pour silence le demi-quart de soupir ou huitième de soupir qui s'écrit : 𝅀.

La quadruple croche a pour silence le seizième de soupir qui s'écrit : 𝅁.

On remarque que pour les croches et leurs subdivisions, la figure du silence porte autant de crochets que la note porte de barres.

Il résulte des faits précédents que la Pause vaut :

2 demi-pauses,

4 soupirs,

8 demi-soupirs,

16 quarts de soupirs,

32 seizièmes de soupirs.

On peut résumer dans le tableau suivant les relations des valeurs des notes, relations auxquelles correspondent celles des valeurs des silences.

Unité de Durée.

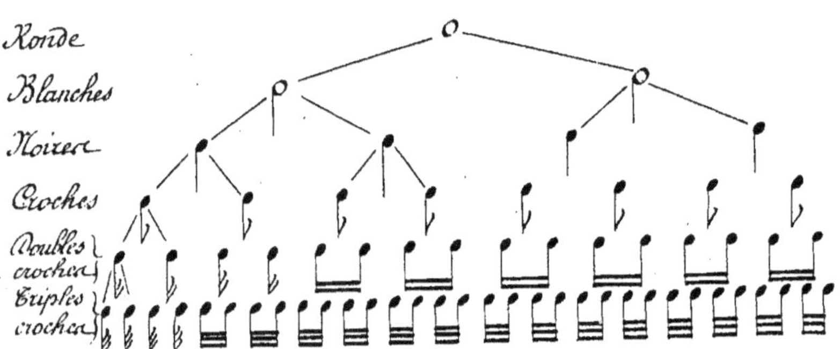

Lorsque le sens musical d'un morceau porte à suspendre la mesure en prolongeant une valeur ou un silence, on place au-dessus de cette valeur ou de ce silence le signe 𝄐 que l'on nomme point d'orgue. La suspension ou prolongation a une durée arbitraire selon le sentiment de la personne qui exécute.

De la mesure et de ses diverses sortes.

Nous avons défini la mesure en général, dans la musique un battement régulier qui règle la durée relative des divers sons d'un même air.

Nous avons dit que chaque battement

s'appelle un temps. Il en résulte que le temps, c'est-à-dire l'intervalle d'un battement de la mesure à un autre est réellement en musique l'unité de durée.

En réunissant les durées de deux ou quatre battements ou celles de trois battements, on obtient des fractions de la durée d'un même air que l'on nomme des Mesures.

Ainsi on appelle mesure, une durée composée d'un nombre déterminé de temps.

On distingue deux genres de mesures : Les mesures à deux ou quatre temps ; les mesures à trois temps.

Chaque mesure est indiquée au commencement de la première portée d'un air par un signe spécial habituellement composé de deux chiffres superposés.

Il est convenu que le chiffre inférieur indique une fraction de la Ronde, et, que le chiffre supérieur fait connaître combien de fois cette fraction est contenue dans une mesure.

Pour les sortes de mesures les plus simples, on altère parfois le signe distinctif de la mesure en supprimant le chiffre inférieur, ou même en remplaçant les deux chiffres par une figure spéciale.

1°. Mesure à deux temps.

On emploie cinq sortes de mesures à deux temps.

1°. La mesure à deux temps proprement dite qui a pour signe 2 ou ₵, chaque temps a la durée d'une blanche, de sorte que son signe régulier serait $\frac{2}{2}$.

2°. La mesure à $\frac{2}{4}$, qui comprend deux quarts de ronde. C'est-à-dire une noire par temps. Les sortes de mesures qui vont suivre ont pour caractère commun que la durée du temps est toujours composée d'une valeur pointée, c'est-à-dire une valeur et demie ; comme une blanche pointée, une noire pointée.

3°. La mesure à $\frac{6}{2}$; comprend six moitiés de ronde ; c'est-à-dire que chaque temps vaut une ronde pointée (3 blanches).

4°. La mesure à $\frac{6}{4}$, six quarts de ronde ou pour chaque temps une blanche pointée (3 noires).

5°. La mesure à $\frac{6}{8}$; six huitièmes de la ronde, une noire pointée ou 3 croches par temps.

2°. Mesure à quatre temps.

On emploie trois sortes de mesures à quatre temps.

1° La mesure à $\frac{4}{2}$, qui contient quatre demi-rondes (quatre blanches); c'est-à-dire une blanche par temps.

(Cette mesure est rare).

2° La mesure à quatre temps ayant pour signe C et qui devrait s'écrire $\frac{4}{4}$, car elle renferme quatre quarts de ronde, ce qui donne une noire par temps.

3° La mesure à $\frac{12}{8}$, qui comprend douze huitièmes de ronde ou douze croches, c'est-à-dire trois croches par temps, (ou une noire pointée).

3° Mesures à trois temps.

Cinq mesures à trois temps sont en usage.

1° La mesure à $\frac{3}{1}$ qui s'écrit habituellement 3 et qui compte 3 rondes, une pour chaque temps.

2° La mesure à $\frac{3}{2}$, contenant trois demi-rondes ou blanches, une pour chaque temps.

3° La mesure à $\frac{3}{4}$, trois quarts de rondes par mesure ou une noire par temps.

4° La mesure à $\frac{3}{8}$, trois huitièmes de ronde par mesure, ce qui donne une croche par temps.

5° La mesure à $\frac{9}{8}$, qui contient neuf huitièmes de ronde ou croches; c'est-à-dire pour chaque temps, trois croches ou une noire pointée.

- **Mesures**
  - à 2 temps
    - 1 valeur non pointée par temps, ce qui donne 2, 4, etc. valeurs inférieures. — 2 ou ¢ ; $\frac{2}{4}$
    - 1 valeur pointée par temps, ce qui donne 3, 6, 12, etc. valeurs inférieures — $\frac{6}{2}$; $\frac{6}{4}$; $\frac{6}{8}$
  - à 4 temps
    - 1 valeur non pointée par temps — $\frac{4}{2}$; C $\frac{4}{4}$
    - 1 valeur pointée par temps — $\frac{12}{8}$
  - à 3 temps
    - 1 valeur non pointée par temps — 3 ; $\frac{3}{1}$; $\frac{3}{2}$; $\frac{3}{4}$; $\frac{3}{8}$
    - 1 valeur pointée par temps. — $\frac{9}{8}$

En examinant ce tableau, on voit que :

1° Dans les mesures à deux temps le chiffre supérieur du signe peut toujours se diviser par deux, jamais par quatre.

2° Dans les mesures à quatre temps, le

chiffre supérieur du signe peut toujours se diviser par quatre.

3°. Dans les mesures à trois temps, le chiffre supérieur peut toujours se diviser par trois, non par quatre.

4°. Les mesures dont le chiffre supérieur du signe peut se diviser en même temps par deux et par trois, ou par trois et par quatre, ou deux fois par trois, ont ce trait distinctif que la durée de leur temps a pour point de départ une valeur pointée.

Manières de battre la Mesure.

Toutes les fois que l'on veut s'assurer de donner aux notes rigoureusement leur valeur, il faut battre la mesure en même temps qu'on les fait retentir.

Comme il y a trois grands genres de mesures il y a trois genres de battements.

Les mesures à deux temps se battent en frappant le premier temps par un mouvement de la main portée verticalement de haut en bas; un mouvement inverse marque le second temps qui est levé et non frappé.

Les mesures à quatre temps exigent quatre mouvements. Le premier et le dernier se battent comme dans les mesures à deux temps. Mais entre ces deux mouvements, la main se porte à gauche pour marquer le second temps, puis horizontalement à droite pour marquer le troisième.

Les mesures à trois temps comprennent trois mouvements. Le premier et le dernier comme dans les mesures à deux temps; mais entre ces deux mouvements, la main se porte à droite pour marquer le second temps.

Ces trois genres de battements peuvent se figurer de la manière suivante:

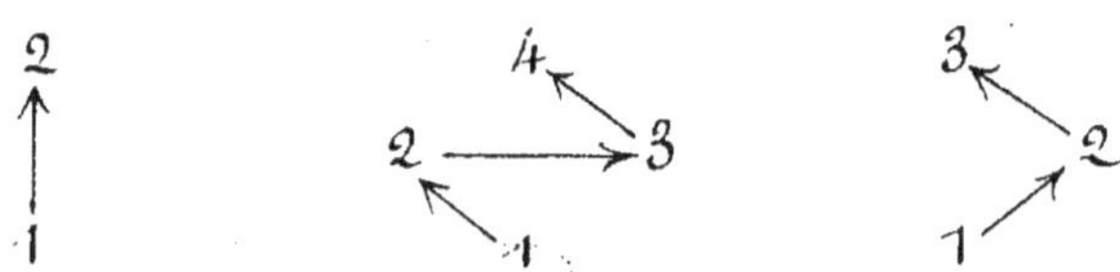

Toutes les fois qu'un son se fait entendre, en même temps que se frappe le premier temps d'une mesure, on donne à ce son un peu plus d'intensité. C'est afin d'avertir l'oreille que la mesure commence. Aussi nomme-t-on Temps fort le premier temps de la mesure. Le second temps est toujours un Temps faible. Il en est de même dans les mesures à trois temps et du quatrième dans les mesures à quatre temps. Quant au troisième de la mesure à 4 temps, il est réputé Temps fort comme le premier

Des Mouvements.

On appelle mouvement le degré de vitesse que l'on imprime à la succession de temps d'une mesure donnée. Comme toute mesure se compose de valeurs déterminées, la durée de chaque valeur occupe plus ou moins de temps suivant que le mouvement est plus ou moins vif. En un mot les sons ont une durée relative les uns par rapport aux autres et cette durée dépend de la mesure du morceau. Chaque son a ensuite sa durée absolue qui dépend du mouvement. Exemple: Si dans la mesure à deux temps, le mouvement est tel que chaque mesure exige une seconde de temps et si la durée totale de la mesure répond à celle de deux noires, chaque noire dure une demi-seconde, supposez le mouvement doublé de vitesse, la mesure occupe un espace de temps de $\frac{1}{2}$ seconde et chaque noire ne dure plus que $\frac{1}{4}$ de seconde. Les noires n'ont pas changé de valeur relative; mais elles ont changé de valeur absolue.

Il y a essentiellement trois mouvements,

mais chacun d'eux admet des nuances plus ou moins nombreuses.

1° Mouvements lents.

Largo — } lent et large
Grave — }
Larghetto — est un diminutif du Largo, moins lent et moins large.
Lento — lent
Adagio — moins lent, posément
Andante — moins lent encore, en marchant
Andantino — est un diminutif d'Andante, il est moins lent

2° Mouvement modéré.

Moderato — ni vif ni lent.

3° Mouvements vifs.

Allegro — Allègre, gai et par conséquent assez rapide.
Allegretto — est un diminutif d'Allegro, il est moins vif.
Presto, Prestissimo .. vif, très - vif.
Scherzo — mouvement très vif et badin d'une mesure à trois temps

Principes de l'art de déchiffrer la musique.

Il est permis d'affirmer que l'on déchiffre mal parce qu'on ne sait pas distribuer avec une régularité mathématique les valeurs des notes dans la durée de la mesure et dans celle de chaque temps. On omet surtout de rester assez longtemps sur les silences ou sur les valeurs qui ont une longue durée.

Lorsqu'on sait bien le tableau des valeurs qui est si facile à comprendre, on n'a pas plus le moyen de déchiffrer en mesure qu'un enfant qui sait écrire les 9 chiffres n'est en état de calculer, ou qu'il ne sait lire couramment lorsqu'il connait bien les 24 lettres de l'alphabet.

Une pratique exacte et bien dirigée est nécessaire pour accoutumer l'élève à répartir la durée de la mesure et celle de chaque temps entre les diverses valeurs qui y sont contenues.

Pour obvier à ce défaut et surmonter les difficultés qui le font naître, on a mis en usage divers procédés. Le plus usité est celui qui consiste à compter dans chaque temps le nombre des valeurs les plus petites que renferme chaque mesure, de façon à donner aux valeurs plus longues la durée exacte des valeurs moindres qu'elles remplacent. Mais le meilleur moyen est peut être celui qui, dans la méthode musicale connue sous le nom de Galin-Paris-Chevé, porte le nom de Langue des durées. Je n'ai pas hésité à adopter cette langue assez bizarre au premier abord, mais d'un usage plus commode et moins fatigant, ce me semble que tout autre procédé conçu dans le même but.

Je vais résumer ici les principes très-simple de la Langue des durées.

L'unité de durée ou de valeur (ronde ou noire) se subdivise de deux façons : en 2 ou en 3 valeurs subordonnées. Cela veut dire que la durée totale de cette unité se partage en demies ou en tiers. Ces valeurs subordonnées, demies ou tiers, se subdivisent encore de la même façon ce qui donne des moitiés de demies ou quarts de la durée de l'unité, des moitié de tiers ou sixièmes, des tiers de demies ou sixièmes, des tiers de tiers ou neuvièmes etc.

Dans la langue des durées, toute subdivisions en deux parties se désigne par les voyelles A (1re moitié), E (2ème moitié); toute subdivision en trois parties par les voyelles A (1er tiers), E (2ème tiers), I (3ème tiers).

Pour articuler la subdivision de l'unité, la noire, par exemple, en demies ou en tiers, on place devant les voyelles convenues la consonne T.

	Division par 2.	Division par 3.
Subdivision en moitiés et en tiers	Ta Té	Ta Té Ti

La subdivision des demies en quarts, celle des tiers en sixièmes s'articule en plaçant les consonnes T F devant la voyelle A pour les deux premiers quarts ou sixièmes; devant la voyelle E pour les troisième et quatrième quarts ou sixièmes; devant la voyelle I pour les cinquième et dernier sixièmes.

	Division par 2.	Division par 3.
Subdivision en quarts et en sixièmes	Ta fa Té fé	Ta fa Té fé Ti fi
	Ta Té	Ta Té Ti

La subdivision des demies en sixièmes ou celles des tiers en neuvièmes s'articule en plaçant de même devant les voyelles A, E, I, les consonnes T, R, L.

Division par 2. Division par 3.

Pour articuler la subdivision des quarts en huitièmes et des sixièmes en douzièmes, on emploie les Consonnes T, Z, F, N.

Division par 2. Division par 3

Ta za fa na Té zé fé né Ta za fa na Té zé fé né Ti zi fi ni

Subdivision en huitièmes et douzièmes

Ta Té Ta Té Ti.

La seule modification introduite par moi dans cette langue des durées consiste à substituer le N.os du temps 1, 2, 3, 4 à la syllabe en A qui s'articule sur le commencement du temps.

Exemples:

Mesures à deux temps en huitièmes de noire.

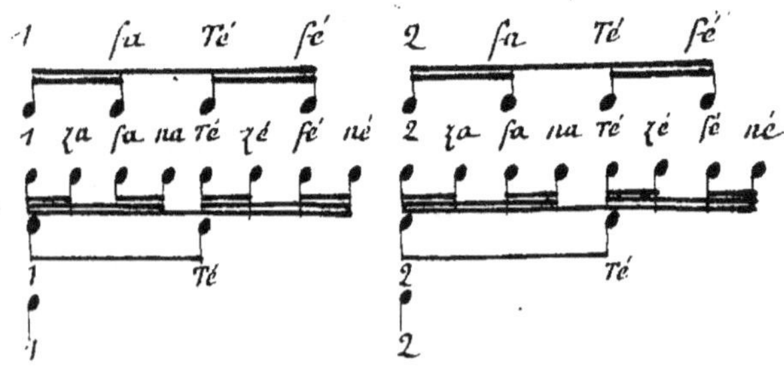

Mesures à 3 temps en Neuvièmes.

1 Té Ti 2 Té Ti 3 Té Ti

1 ra la Té ré lé Ti ri li 2 ra la Té ré lé Ti ri li 3 ra la Té re le Ti ri li

1 2 3

La langue des durées fournit des ressources que l'on ne soupçonnerait pas, pour obtenir une exacte répartition des valeurs et pour représenter fidèlement à l'oreille le rhythme d'une phrase musicale, sans avoir recours au solfège qui complique les difficultés en mêlant à l'étude de la mesure celle de l'intonation.

Cette même langue fournit surtout un guide précieux pour trancher une des plus grandes difficultés de mesure dans le concert des parties musicales. Cette difficulté se présente lorsqu'une des deux mains sonne des demies, l'autre des tiers. On en peut étudier un exemple dans le bel Andante-Allegretto de la symphonie en La de Beethoven

Dans les orchestres ces difficultés n'existent pas parce que chaque partie a son exécutant. Si ce sont les violons qui font les tiers, ils les répartissent dans la durée d'un temps sans être obligés de s'occuper des Basses par exemple qui font les derniers et les répartissent à leur tour sans écouter les violons. Le pianiste au contraire est contraint d'exécuter à lui seul deux ou plusieurs parties en même temps.

Pour établir exactement cette difficile correspondance de valeurs, il faut imaginer la durée du temps partagée en six parties égales qui peuvent représenter un numéro de temps et 5 syllabes 1, fa; Té, fé; Ti, fi. L'oreille doit entendre sur 1 la première croche du triolet et celle du couple; sur Té la seconde croche du triolet; sur fé la seconde croche du couple; sur Ti la troisième croche du triolet. Le tableau suivant montre cette division simultanée.

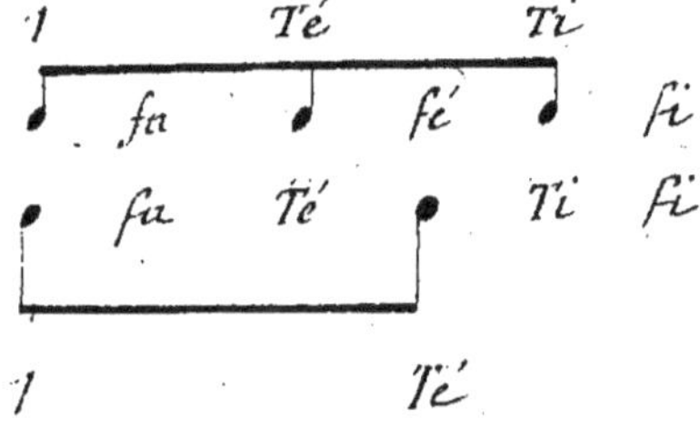

Faisons un exercice sur cette difficulté.

Finale du V acte des Huguenots.

Mouvement du Choral.

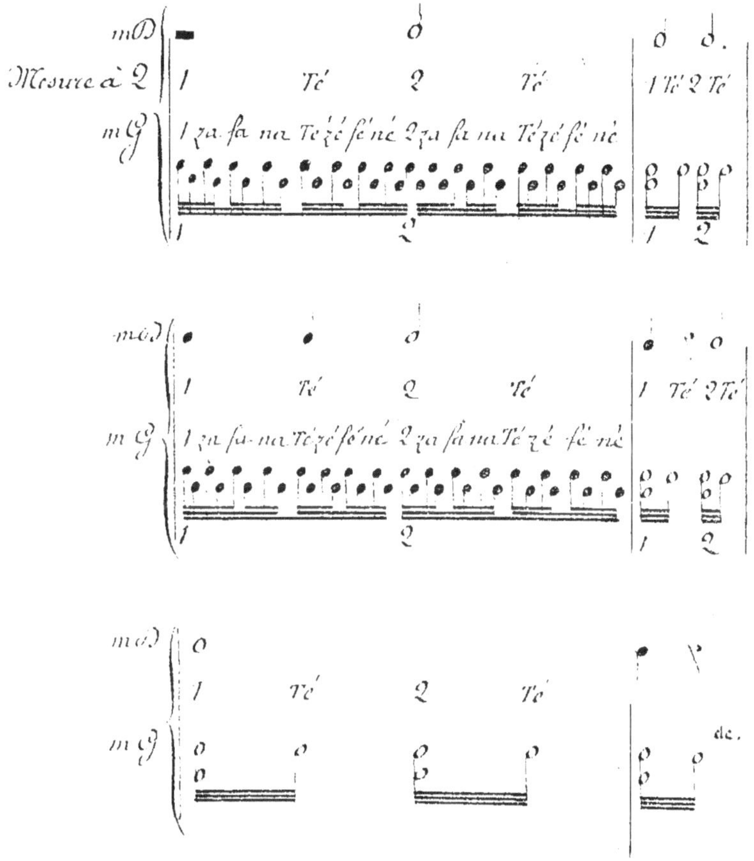

mD

Mesure à 2 | 1 Té 2 Té | 1 Té 2 Té

mG | 1 za fa na Té zé fé né 2 za fa na Té zé fé né

1 2 | 1 2

mD

1 Té 2 Té | 1 Té 2 Té

mG | 1 za fa na Té zé fé né 2 za fa na Té zé fé né

1 2 | 1 2

mD

1 Té 2 Té

mG

&c.

Don Juan. Allegro de l'Ouverture. –

Mesure à ¢ 1 Té 2 Té 1 Té 2 Té

1 Té 2 Té 1 Té 2 Té

1 Té 2 Té 1 Té 2 Té
1 fa té fé 2 fa té fé 1 fa té fé 2 fa té fé

1 Té 2 Té 1 Té 2 Té
1 té fé 2 té fé 1 té fé 2 té fé

1 Té 2 1 Té 2 Té
1 za fa (na) té fé 2 za fa (na) té fé 1 té 2 (fa) té fé

Allegretto Scherzando de la 8e Symphonie en Fa maj. de Beethoven.

Mesure à $\frac{2}{4}$

1 Té 2 Té

1 fa Té fé 2 fa Té fé né

1 Té 2 Té

1 (za) fa na Té zé fé né 2 fa Té fé

1 Té 2 Té etc.

1 za fa na Té zé fé né 2 fa Té fé né

1 Té 2 Té

tr. tr.

1 fa Té fé 2 fa (Té) fé

1 Té 2 Té

1 fa Té fé 2 za fa na Té fé

Le Prêche Anabaptiste du Prophète.

Mesure à $\frac{6}{4}$

1 Té Ti 2 Té Ti | 1 Té Ti 2 Té Ti |

1 Té Ti 2 Té Ti | 1 Té Ti 2 Té Ti |

1 Té Ti 2 Té Ti | etc.

1 Té Ti 2 Té Ti | 1 Té Ti 2 Té Ti

1 fa Té fé Ti fi 2 fa Té fé Ti fi | fi

1 Té Ti 2 Té Ti ||

Ballade de Robert le Diable.

Mesure à $\frac{6}{8}$

1 Té Ti 2 Té Ti | 1 Té Ti 2 Té Ti |

1 (fa Té) fé Ti (fi) 2 (fa Té) fé Ti (fi) |

Suite de la Ballade.

1 Té Ti 2 Té Ti | 1 Té Ti 2 Té Ti |

1 Té Ti 2 Té Ti | 1 Té Ti 2 Té Ti | etc.

1 Té Ti 2 Té Ti | 1 Té Ti 2 Té Ti |
1 (saTésé) Tisi 2 (saTésé) Tisi | 1 Té Tisi 2 Té Tisi |

1 Té Ti 2 Té Ti | 1 Té Ti 2 Té Ti |
1 (sa Tésé) Tisi 2 sa Té sé Tisi | 1 Té sé Tisi 2 Té séTisi |

1 Té Ti 2 Té Ti | 1 Té Ti 2 Té Ti |
| 1 Té Tirili 2 Té Tirili |

1 Té Ti 2 Té Ti | 1 Té Ti 2 Té Ti |
1 saTé sé Tirili 2 Té Tirili | 1 sa Tésé Tisi 2 sa Tésé Tisi |

1 Té Ti 2 Té Ti ||

Chœur Final de Robert le Diable

Mouvement de la Prière.

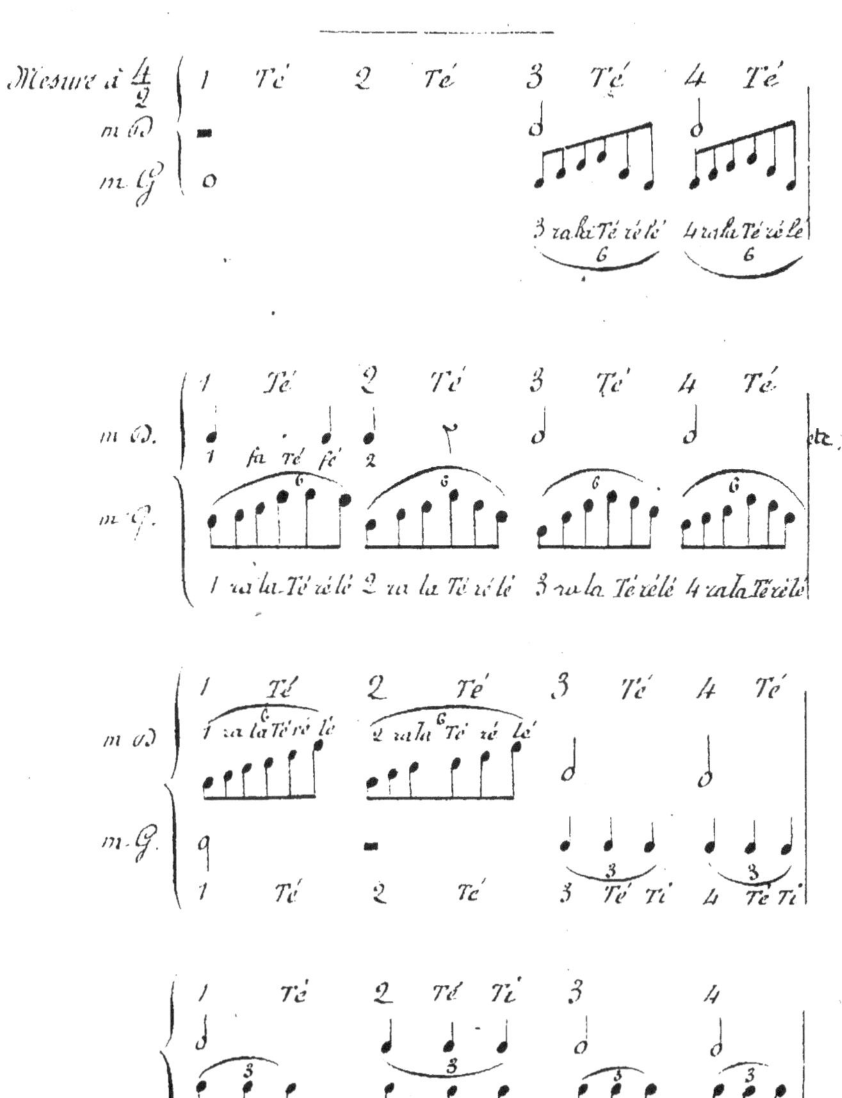

Rossini !

Le Barbier de Séville.

Ouverture

1 Té 2 Té 3 Té 4 Té

Té zé sé né 3 Té zé sé né 4 Té zé sé né

1 Té 2 Té 3 Té 4 Té

2 (sa Té) sé 3 Té 4 (sa Té) sé

1 Té 2 Té 3 Té 4 Té

etc

1 zafana) Té zé sé) né 2 (zafa) na Té (zé sé) né 3 Té 4 Té

1 Té 2 Té 3 Té 4 Té

2 ra la Té ré lé 3 4 sa Té sé

Bellini.

Norma.

Casta Diva.

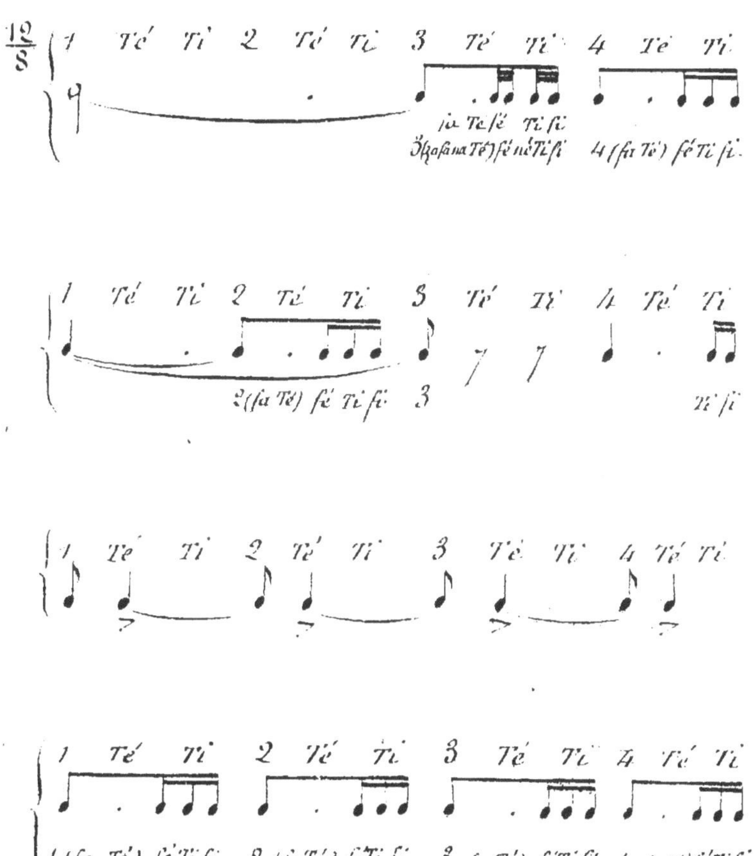

30

Meyerbeer.

Le Couvre-Feu.

Huguenots.

3/2

1 Té 2 Té 3 Té | 1 Té 2 Té 3 Té

Cloche

1 Té 2 Té 3 Té | 1 Té 2 Té 3 Té

1 Té 2 Té 3 Té | 1 Té 2 Té 3 Té

2 (fa) Té fé 3 (fa) Té fé | 3 fa Té fé

1 Té 2 Té 3 Té | 1 Té 2 Té 3 Té

Ta fé

1 Té 2 Té 3 Té | 1 Té 2 Té 3 Té

1 fa Té fé | 1 fa Té fé 2 3

31.

Meyerbeer.

L'Africaine.

Air du Sommeil.

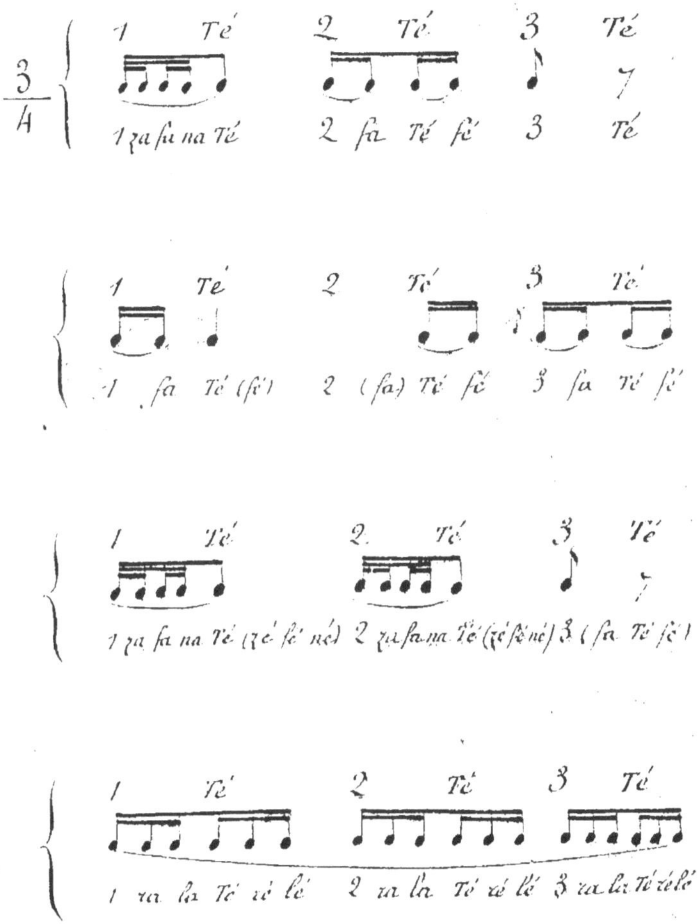

3/4

1 Té 2 Té 3 Té

1 za fa na Té 2 fa Té fé 3 Té

1 Té 2 Té 3 Té

1 fa Té (fé) 2 (fa) Té fé 3 fa Té fé

1 Té 2 Té 3 Té

1 za fa na Té (zé fé né) 2 za fa na Té (zé fé né) 3 (fa Té fé)

1 Té 2 Té 3 Té

1 ra la Té ré lé 2 ra la Té ré lé 3 ra la Té ré lé

Meyerbeer.

Prophète.

Prélude Pastoral.

3/8

1 2 3
1 Té 2 Té Té 3 Té Té

1 2 3
1 Té Té 2 Té 3 Té

1 2 3
1 Té 2 Té 3 Té

1 2 3
1 (fa) Té fé 2 (fa) Té fé 3 Té Té

1 2 3
1 Té 2 Té 3 Té

33.

Meyerbeer.

Les Huguenots.

Cavatine du Page.

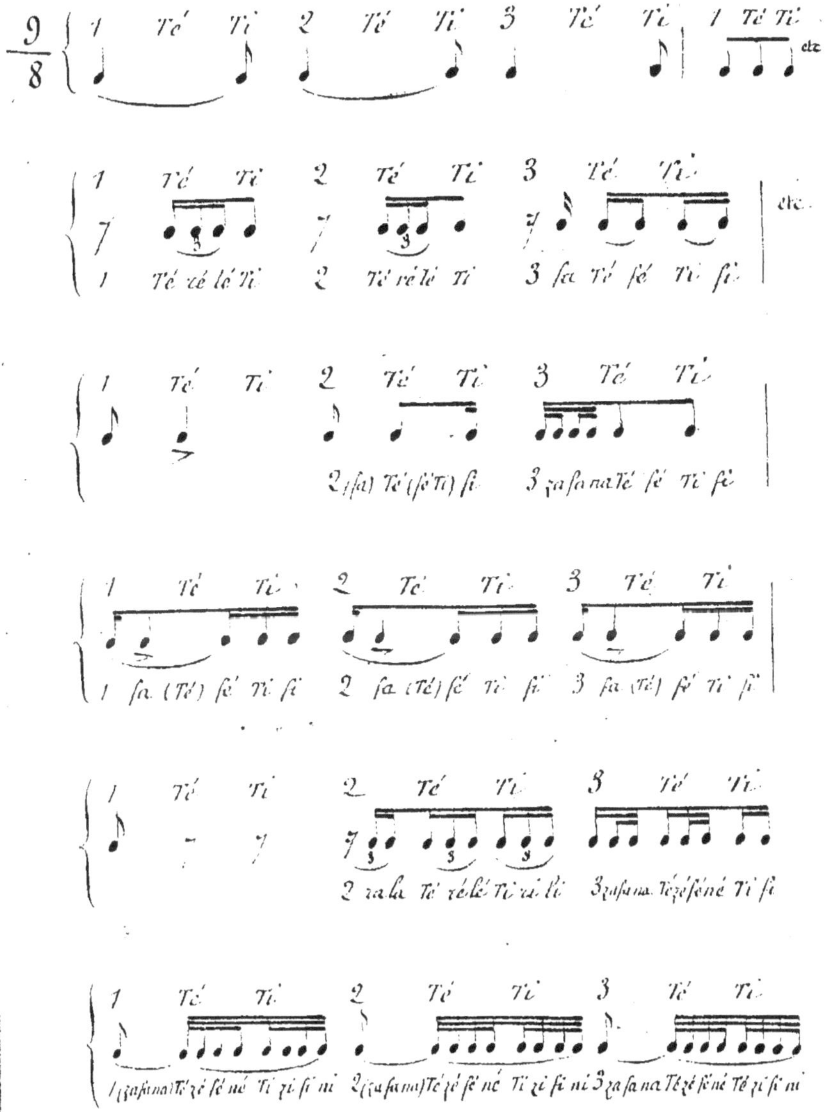

9/8

1 Té Ti 2 Té Ti 3 Té Ti | 1 Té Ti etc

1 Té Ti 2 Té Ti 3 Té Ti | etc.
1 Té ré lé Ti 2 Té ré lé Ti 3 fa Té fé Ti fi

1 Té Ti 2 Té Ti 3 Té Ti
2 (fa) Té (fé Ti) fi 3 ra fa na Té fé Ti fé

1 Té Ti 2 Té Ti 3 Té Ti
1 fa (Té) fé Ti fi 2 fa (Té) fé Ti fi 3 fa (Té) fé Ti fi

1 Té Ti 2 Té Ti 3 Té Ti
2 ra la Té ré lé Ti ri li 3 ra fa na Té ré fé né Ti fi

1 Té Ti 2 Té Ti 3 Té Ti
1 (ra fa na) Té ré fé né Ti ri fi ni 2 (ra fa na) Té ré fé né Ti ri fi ni 3 ra fa na Té ré fé né Té ri fi ni

34.

Beethoven.

Allegretto de la Symphonie en La.

2/4

md. 1 Té 2 Té | 1 Té 2 Té

mg. 1 Té Ti 2 (fa) Té fé Ti (fi) | 1 Té Ti 2 Té Té

3 3 | 3 3

etc.

md. 1 Té 2 Té | 1 Té 2 Té

Té fé 2 Té fé

mg. 1 (fa) Té fé Ti (fi) 2 (fa) Té fé Ti (fi) | 1 (fa) Té fé Ti (fi) 2 Té Ti

3 3 | 3 3

md. 1 Té Ti 2 Té Ti | 1 Té Ti 2 Té Ti

3 3 | 3 3

(fa) Té fé Ti fi

mg. 1 Té 2 Té | 1 Té 2 Te

BIBLIOTHÈQUE IMPÉRIALE
IMPR.

www.ingramcontent.com/pod-product-compliance
Lightning Source LLC
LaVergne TN
LVHW010101230826
846091LV00005B/2048

* 9 7 8 2 0 1 9 9 9 7 9 8 4 *